Impressum
Verlag: BABADADA GmbH, Nedderfeld 112 , 22529 Hamburg
Geschäftsführer / Verlagsleitung: Harald Hof
Druck: Books on Demand GmbH, In de Tarpen 42, 22848 Norderstedt

Imprint
Publisher: BABADADA GmbH, Nedderfeld 112 , 22529 Hamburg, Germany
Managing Director / Publishing direction: Harald Hof
Print: Books on Demand GmbH, In de Tarpen 42, 22848 Norderstedt, Germany

AF206794

ትምህርት ቤት
škola

መማሪያ ክፍል
učionica
ማካፈል
dijeliti
186/2
ሰሌዳ
ploča
የትምህርት ቤት ቅጥር ግቢ
školsko dvorište
መምህር
učitelj
ወረቀት
papir
መፃፍ
pisati
እስክሪብቶ
kemijska olovka
መፃፊያ ጠረጴዛ
pisaći stol
ማስመሪያ
ravnalo
knjiga
ተማሪ
učenik

የጀርባ ቦርሳ

torba

የእርሳስ መያዣ

pernica

እርሳስ

grafitna olovka

የእርሳስ መቅረጫ

šiljilo za olovke

ላጲስ

gumica za brisanje

የስዕል ደብተር

blok za crtanje

ስዕል
....
crtež

የቀለም ብሩሽ
....
kist

የቀለም ሳጥን
....
kutija s bojama

መቀስ
....
makaze

ማጣበቂያ
....
ljepilo

መልመጃ ደብተር
....
bilježnica

የቤት ስራ
....
domaći zadatak

ቁጥር
....
broj

መደመር
....
sabirati

መቀነስ
....
oduzimati

ማባዛት
....
množiti

ቁጥሮችን ማስላት
....
računati

ደብዳቤ
....
slovo

ፊደላት
....
abeceda

ቃል
....
riječ

ፅሑፍ

tekst

ማንበብ

čitati

ጠመኔ

kreda

ትምህርት

sat

ምዝገባ

dnevnik

ፈተና

ispit

ሰርተፊኬት

svjedodžba

የትምህርት ቤት የደንብ ልብስ

školska uniforma

ትምህርት

obrazovanje

አዉደ ጥበብ

leksikon

ዩኒቨርስቲ

sveučilište

የምርምር አጉሊ መሳርያ

mikroskop

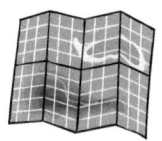

ካርታ

karta

የቆሻሻ ወረቀት መጣያ ቅርጫት

košara za papir

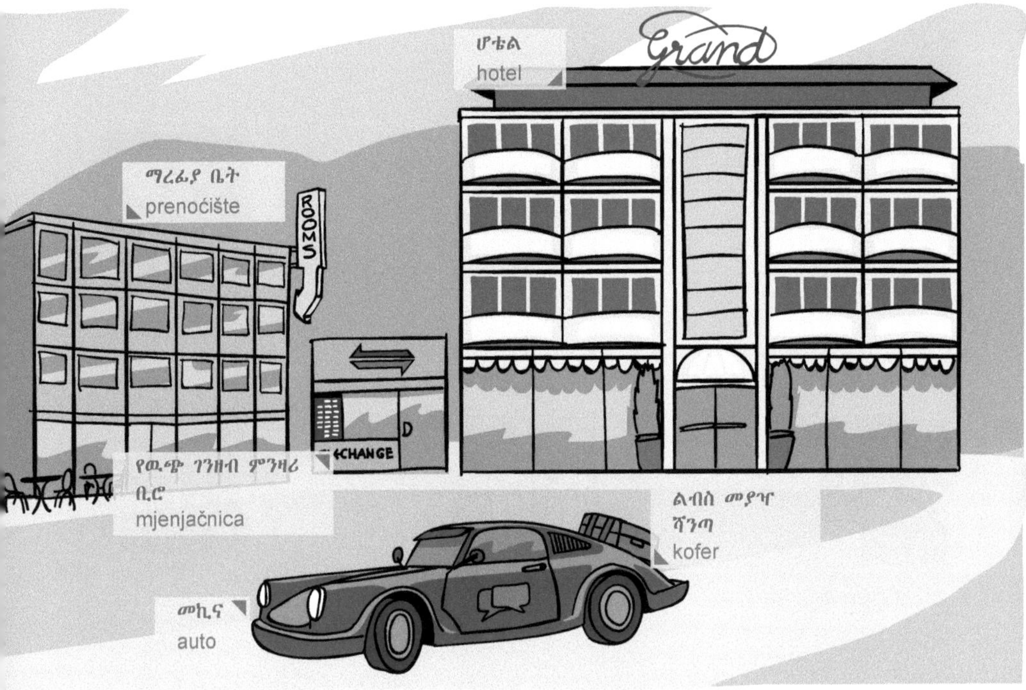

ሆቴል
hotel

Grand

ማረፊያ ቤት
prenoćište

ROOMS

የውጭ ገንዘብ ምንዛሪ
ቢሮ
mjenjačnica

EXCHANGE

ልብስ መያዣ
ሻንጣ
kofer

መኪና
auto

ቋንቋ

jezik

አዎ/ አይደለም

da / ne

እሺ
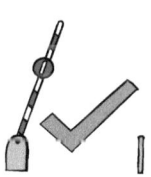
okay

ሰላም

zdravo

አስተርጓሚ

prevoditelj

አመሰግናለሁ

hvala

ንት ነዉ.......?

Koliko košta...?

አልገባኝም

ne razumijem

ክል

problem

ንደምን አመሹ!

dobro veče!

ንደምን አደሩ!

Dobro jutro!

መልካም ምሽት!

Laku noć!

ደህና ይሰንብቱ

doviđenja

አቅጣጫ

smjer

ሻንጣ

prtljaga

ቦርሳ

torba

የጀርባ ቦርሳ

ruksak

ንግዳ

gost

ክፍል

soba

የመተኛ ቦርሳ

vreća za spavanje

ድንኳን

šator

የጎብኚዎች መረጃ

turističke informacije

የባህር ዳርቻ

plaža

ክሬዲት ካርድ

kreditna kartica

ቁርስ

doručak

ምሳ

ručak

እራት

večera

ቲኬት

karta za vožnju

አሳንሰር

dizalo

ማህተም

poštanska markica

ድንበር

granica

ባህሎች

carina

ኤምባሲ

ambasada

ቪዛ/የይለፍ ወረቀት

viza

ፓስፖርት

putovnica

መጓጓዣ

transport

አዉሮፕላን
zrakoplov
መርከብ
brod
የእሳት አደጋ መኪና
vatrogasno vozilo
autobus
የጭነት መኪና
teretno vozilo
የሞተር ጀልባ
motorni čamac
ብስክሌት
biciklo
መኪና
auto

የማመላለሻ ጀልባ

trajekt

ጀልባ

čamac

የሞተር ብስክሌት

motocikl

የፖሊስ መኪና

policijski auto

የዉድድር መኪና

trkaći auto

የኪራይ መኪና

iznajmljeno auto

የመኪና መጋራት

dijeljenje automobila

ጎታች መኪና

vučno vozilo

የቆሻሻ ጭነት መኪና

vozilo za odvoz smeća

ሞተር

motor

ነዳጅ

benzin

የቤንዚን ማደያ

benzinska postaja

የመንገድ ምልክት

prometni znak

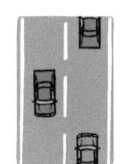

የመኪኖች እንቅስቃሴ

promet

የመኪና መጨናነቅ

zastoj

የመኪና ማቆሚያ

parkiralište

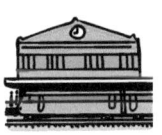

የባቡር ጣቢያ

kolodvor

የባቡር ሀዲዶች

šine

ባቡር

vlak

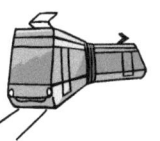

የኤሌክትሪክ ባቡር

tramvaj

ሰረገላ

vagon

ሄሊኮፕተር

helikopter

አየር ማረፊያ

zrakoplovna luka

ማማ

toranj

መንገደኛ

putnik

ማስቀመጫ፤ ማጠራቀሚያ

kontejner

ካርቶን እቃ ማሸጊያ

karton

ጋሪ፤ ተሳቢ

kolica

ቅርጫት

košara

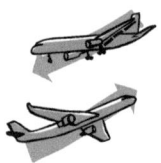

መነሳት/ ማረፍ

uzletjeti / sletjeti

ከተማ

grad

መንደር

selo

የከተማ ማዕከል

centar grada

ቤት

kuća

ሲኒማ
kino
ማስታወቂያ
reklama
CINEMA
የመንገድ ዳር መብራት
ulična svjetiljka
መንገድ
ulica
ታክሲ
taksi
የቁርስ መቆያ ሱቅ
kiosk
እግረኛ
pješak
ድንጋይ የተነጠፈበት የእግረኛ መንገድ
nogostup
የእግረኛ መሻገሪያ
pješački prijelaz
የቆሻሻ ማጠራቀሚያ
kontejner za otpad
ማቋረጫ
križanje
የትራፊክ መብራቶች
semafor

ጎጆ

koliba

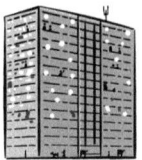

አፓርታማ

stan

የባቡር ጣቢያ

kolodvor

የከተማ አዳራሽ

vijećnica

ቤተ መዘክር

muzej

ትምህርት ቤት

škola

ዩኒቨርስቲ
sveučilište

ባንክ
banka

ሆስፒታል
bolnica

ሆቴል
hotel

መድሐኒት ቤት
ljekarna

ቢሮ
ured

መፅሐፍ መሸጫ
knjižara

ሱቅ
prodavaonica

የአበባ መሸጫ
cvjećara

የሸቀጣ ሸቀጥ መደብር
supermarket

ገበያ ስፍራ
trg

መደብር
robna kuća

የዓሳ ነጋዴ
ribarnica

የገበያ ማዕከል
trgovački centar

ወደብ
luka

መናፈሻ ቦታ

park

አግዳሚ ወንበር

klupa

ድልድይ

most

ደረጃዎች

stepenice

ዉስጥ ለዉስጥ

podzemna željeznica

ዋሻ

tunel

የአዉቶቡስ ፌርማታ

autobusna stanica

ባር

bar

ምግብ ቤት

restoran

የፖስታ ሳጥን

poštansko sanduče

የመንገድ ምልክት

ulični znak

የመኪና ማቆሚያ ሒሳብ የሚያሰላ ማሽን

parkirni sat

የደር እንስሳት ማቆያ

zoološki vrt

የመዋ ገንዳ

bazen

መስጊድ

džamija

ርሻ

seosko gazdinstvo

የሚበክል ነገር

zagađenje okoliša

መቃብር ስፍራ

groblje

ቤተ ክርስቲያን

crkva

መጫወቻ ሜዳ

igralište

ቤተ መቅደስ

hram

መልከዓምድር

krajolik

ቅጠል
list
የመንገድ ላይ ምልክት
putokaz
መንገድ
put
አረንጓዴ መስክ
livada
ድንጋይ
kamen
በ ግሩ የሚጓዝ
šetač
ዛፍ
drvo
ወንዝ
rijeka
ሳር
trava
አበባ
cvijet

ሸለቆ

dolina

ኮረብታ

planina

ሀይቅ

jezero

ጫካ

šuma

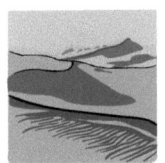

በረሃ

pustinja

እሳተ ገሞራ

vulkan

ግምብ

dvorac

ቀስተ ዳመና

duga

እንጉዳይ

gljiva

የቴምብር ዛፍ/ ዘንባባ

palma

ቢንቢ/ የወባ ትንኝ

moskito

በራሪ

muha

ጉንዳን

mrav

ንብ

pčela

ሸረሪት

pauk

ጢንዚዛ

buba

እንቁራሪት

žaba

ሽኮኮ

vjeverica

ጃርት

jež

ጥንቸል

zec

ጉጉት ወፍ

sova

ወፍ

ptica

የዉሃ ዳክዬ

labud

ከርከሮ

divlja svinja

አጋዘን

jelen

አጋዘን

los

ግድብ

nasip

በነፋስ የሚሽከረከር

vjetrenjača

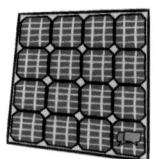

የፀሀይ ፓኔሎ

solarna ploča

አየር ንብረት

klima

ምግብ ቤት

restoran

አስተናጋጅ
konobar
ማዉጫ
jelovnik
ወንበር
stolica
ሾርባ
supa
ፒዛ
pica
የጠረጴዛ ጨርቅ
stolnjak
pribor za jelo

የምግብ ፍላጎትን የሚከፍት ምግብ

predjelo

ዋና ምግብ

glavno jelo

ማጣጣሚያ ተከታይ ምግብ

desert

መጠጦች

napitci

ምግብ

jelo

ጠርሙስ

boca

ፈጣን ምግብ

fastfood

የመንገድ ምግብ

imbis hrana

የሻይ ማንቆርቆሪያ

čajnik

የስኳር እቃ

doza za šećer

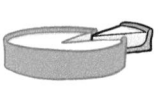

ድርሻ

porcija

የቡና ማፊያ ማሽን

aparat za espresso

ባለጌ ወንበር

visoka stolica

የክፍያ ደረሰኝ

račun

ትሪ

pladanj

ቢላዋ

nož

ሹካ

vilica

ማንኪያ

žlica

የሻይ ማንኪያ

čajna žlica

ልብስ ምግብ እንዳይነካ የሚረዳ ጨርቅ

ubrus

ብርጭቆ

čaša

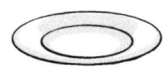

ዝርግ ሰሀን

....

tanjur

የሾርባ ጎድጓዳ ሰሀን

....

tanjur za supu

የስኒ ማስቀመጫ

....

tanjurić

ማጣፈጫ ስጎ

....

sos

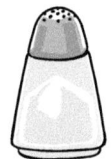

የጨዉ እቃ

....

soljenka

የተፈጨ ቃሪያ

....

mlin za biber

ኮምጣጤ

....

ocat

የምግብ ዘይት

....

ulje

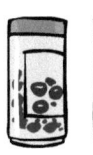

ቀመማ ቅመሞች

....

začini

የቲማቲም ድልህ

....

kečap

ሰናፍጭ

....

senf

ማዮኒዝ

....

majoneza

የሸቀጣ ሸቀጥ መደብር

supermarket

ልዩ አቅራቦት
ponuda
FOR
ደምበኛ
kupac
የወተት ተዋፅዖ
mliječni proizvodi
ፍራፍሬ
voće
ባለ ጎማ የእጅ ጋሪ
kolica za kupnju

ሉካንዳ ነጋዴ

mesnica

መጋገርያ

pekarnica

ክብደት መመዘን

vagati

ቅጠላ ቅጠል አትክልት

povrće

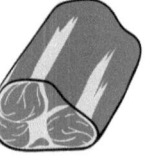

ስጋ

meso

የቀዘቀዘ/የረጋ ምግብ

duboko smrznuta hrana

ቀዝቃዛ ቁራጭ

narezak

የታሸገ ምግብ

konzerve

የማጠቢያ ዱቄት

sredstvo za pranje

ጣፋጮች

slatkiši

የቤት ዉስጥ ዉጤቶች

artikli za domaćinstvo

የፅዳት ምርቶች

sredstva za čišćenje

የሽያጭ ባለሙያ

prodavačica

የገንዘብ መመዝቢያ ማሽን

blagajna

የሒሳብ ሰራተኛ

blagajnik

የግዢ ዝርዝር

lista za kupnju

ክፍት ሰዓታት

vrijeme rada

የኒስ ቦርሳ

novčanik

ክሬዲት ካርድ

kreditna kartica

ቦርሳ

torba

የፕላስቲክ ቦርሳ

plastična vrećica

መጠጦች

napitci

ዉሃ

voda

ጭማቂ

sok

ወተት

mlijeko

ኮካ-ኮላ

cola

ወይን

vino

ቢራ

pivo

አልኮል

alkohol

ኮካ

kakao

ሻይ

čaj

ቡና

kava

የተፈላ ቡና

espresso

ካፑቺኖ

cappuccino

ምግብ
jelo

ሙዝ

banana

ፖም

jabuka

ብርቱካን

naranča

ብ ብ

lubenica

ሎሚ

limun

ካሮት

mrkva

ነጭ ሽንኩርት

češnjak

ሸምበቆ

bambus

ቀይ ሽንኩርት

luk

እንጉዳይ

gljiva

ለዉዝ

orašasti plodovi

የህፃናት ምግብ

rezanci

ፓስታ

špagete

ሩዝ

riža

ሰላጣ

salata

የድንች ጥብስ

pomfrit

ድንች ጥብስ

pečeni krumpir

ፒዛ

pica

ዳቦ ዉስጥ በስሱ ተጠብሶ የገባ
ስጋ
hamburger

ሳንድዊች

sendvič

ጥሬ ስጋ

šnicla

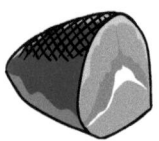

የአሳማ ስጋ

pršut

በቅመምና በጨዉ የታሸ ምግብ
ቀዝቅዞ የሚበላ ሾርባ ምግብ

salama

ቋሊማ

kobasica

ዶሮ

kokoš

ጥብስ

pečenje

አሳ

riba

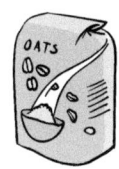

የአጃ ገንፎ

....

zobene pahuljice

ከወተት ጋር ተደባልቀዉ የሚበሉ ምግቦች

....

musli

የበቆሎ ቅርፊት

....

kukuruzne pahuljice

ዱቄት

....

brašno

ኩራሳ

....

roščić

ድብልብል ዳቦ

....

pecivo

ዳቦ

....

kruh

መጥበስ

....

toast

ብስኩት

....

keksi

ቅቤ

....

maslac

እርጎ

....

svježi sir

ኬክ

....

kolač

እንቁላል

....

jaje

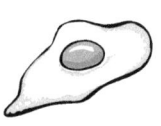

እንቁላል ጥብስ

....

jaje na oko

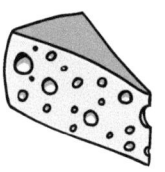

አይብ

....

sir

የበረዶ ክሬም
....
sladoled

ስኳር
....
šećer

ማር
....
med

ማርማላት
....
marmelada

የተናጠ የወተት ክሬም
....
nugat krema

ማጣፈጫ
....
curry

እርሻ

የገበሬ ቤት
seoska kuća
የእህልና የከብት ማቀመጫ ቤት
sjenik
የጭድ ክምር
bale sijena
ሜዳ
polje
ፈረስ
konj
ተሳቢ መኪና
prikolica
የፈረስ ዉርንጭላ
ždrijebe
የእርሻ መኪና
traktor
አህያ
magarac
በግ
ovca
የበግ ጠቦት
lane

ፍየል

koza

ላም

krava

ጥጃ

tele

አሳማ

svinja

ግልገል አሳማ

prase

ኮርማ

bik

ዝይ

guska

ዳክዬ

patka

የዶሮ ጫጩት

pilići

ዶሮ

kokoš

አዉራ ዶሮ

pijetao

አይጥ

pacov

ድመት

mačka

አይጥ

miš

በሬ

vol

ዉሻ

pas

የዉሻ ቤት

kućica za psa

የአትክልት ቦታ

vrtno crijevo

ዉሃ ማጠጫ ባልዲ

kanta za polijevanje

ረጅም ማጭድ

kosa

ማረሻ

plug

ማጭድ

srp

መኮትኮቻ

motika

የእህል መንሽ

vilica za gnojivo

መጥረቢያ

sjekira

ኩርኩር/ የእጅ ጋሪ

tačke

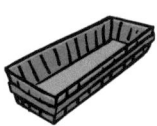

ገንዳ

korito

የወተት ዕቃ

posuda za mlijeko

ጆንያ ከረጢት

vreća

አጥር

ograda

የፈረስ ጋጣ

štala

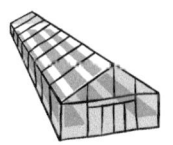

ዕፅዋት ማሳደጊያ የመስታዉት ቤት

staklenik

አፈር

zemlja

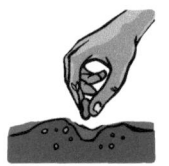

ዘር

sjeme

የመሬት ማዳበሪያ

gnojivo

ጥምር ማረሻ

kombajn

እርሻ - seosko gazdinstvo

29

አዝመራ መሰብሰብ

žanjati

አዝመራ

žetva

ድንች

yams začin

ስንዴ

pšenica

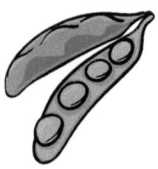

ሶያ

soja

ድንች

krumpir

በቆሎ

kukuruz

የከብት መኖ

uljana repica

የፍሬ ዛፍ

voćka

የካሳቫ ዛፍ

gomolj manioke

እህል

žitarice

ቤት

kuća

የጪስ ማዉጫ
dimnjak
ጣራ
krov
žlijeb
መስኮት
prozor
ጋራዥ
garaža
የበር ደወል
zvono
በር
vrata
የቆሻሻ ማጠራቀሚያ
korpa za otpad
ፖስታ ሳጥን
poštansko sanduče
የአትክልት ቦ
vrt

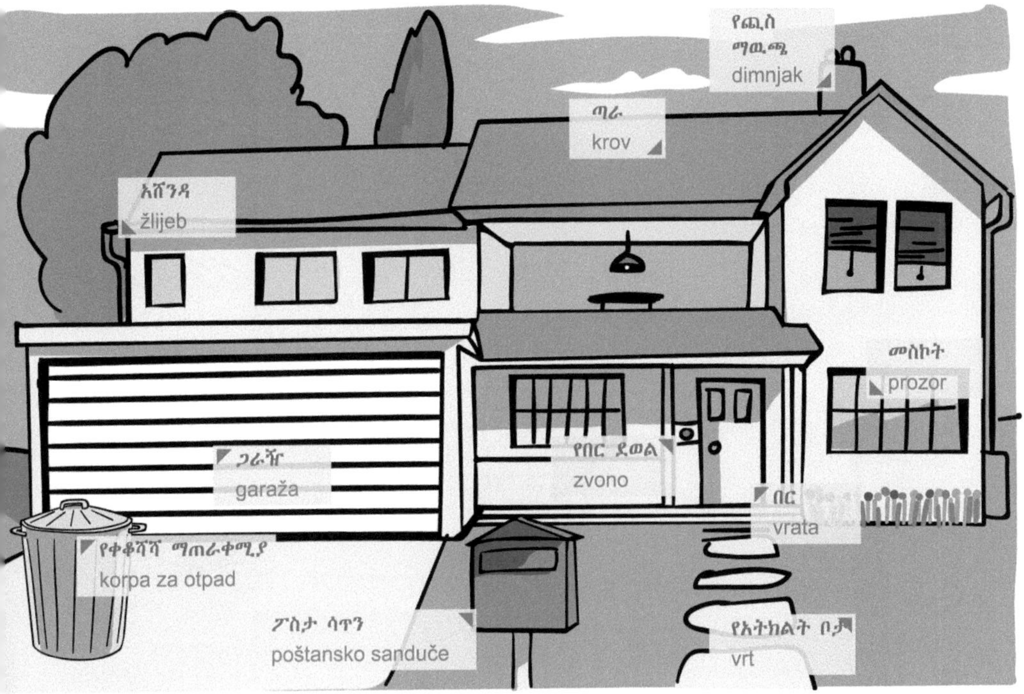

ሳሎን

dnevna soba

መታጠቢያ ቤት

kupaonica

ማድቤት

kuhinja

መኝታ ቤት

spavaća soba

የልጅ ክፍል

dječija soba

መመገቢያ ክፍል

trpezarija

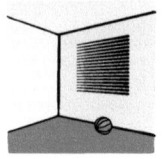

ወለል
....
pod

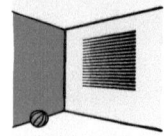

ግድግዳ
....
zid

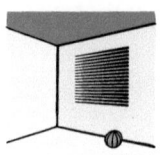

ጣሪያ
....
strop

ምድር ቤት
....
podrum

በእንፋሎት ሙቀት መታጠቢያ
·····ቤት·····
sauna

ሰገነት
....
balkon

ከፍ ያለ መደብ
....
terasa

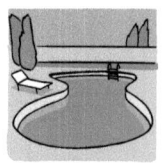

የመዋኛ ገንዳ
....
bazen

የማጨጃ መኪና
....
kosilica za travu

አንሶላ
....
posteljina za krevet

የአልጋ ልብስ
....
deka za krevet

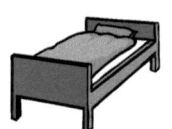

አልጋ
....
krevet

መጥረጊያ
....
metla

ባልዲ
....
kanta

ማብሪያና ማጥፊያ
....
sklopka

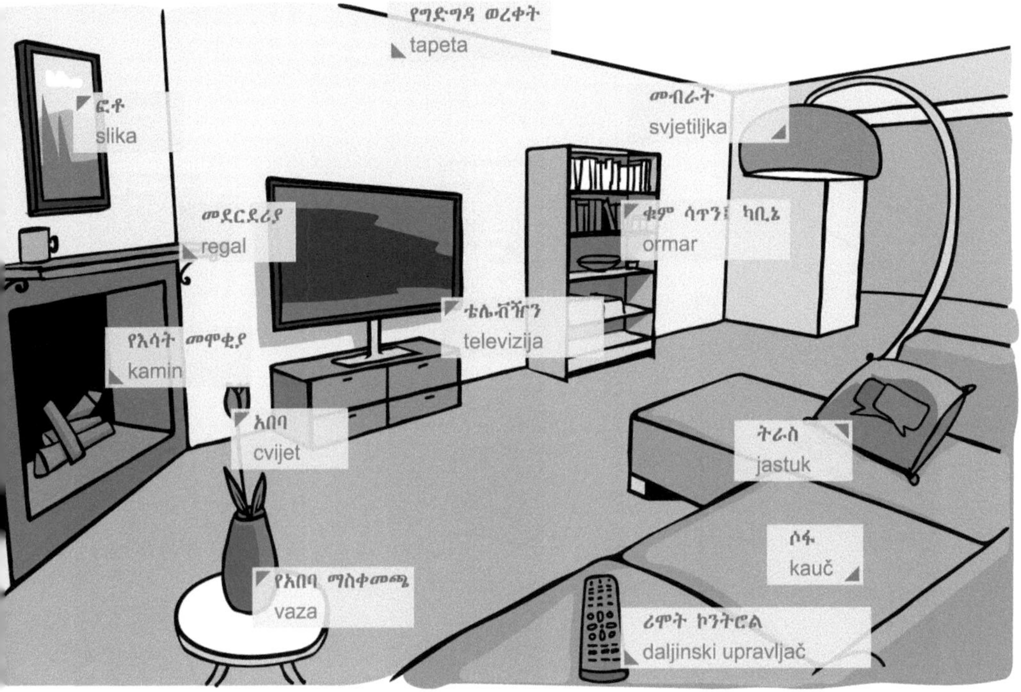

የግድግዳ ወረቀት
tapeta

መብራት
svjetiljka

ፎቶ
slika

መደርደሪያ
regal

ቁም ሳጥን፣ ካቢኔ
ormar

ቴሌቪዥን
televizija

የእሳት መሞቂያ
kamin

አበባ
cvijet

ትራስ
jastuk

ሶፋ
kauč

የአበባ ማስቀመጫ
vaza

ሪሞት ኮንትሮል
daljinski upravljač

ንጣፍ

tepih

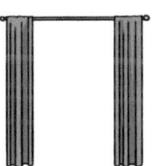

መጋረጃ

zavjesa

ጠረጴዛ

stol

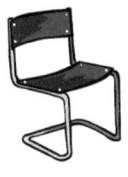

ወንበር

stolica

ተወዛዋዥ ወንበር

stolica za njihanje

ባለመደገፊያ ወንበር

fotelja

መጽሐፍ

knjiga

ብርድ ልብስ

deka

ጌጥ

dekoracija

ማገዶ

drvo za ogrjev

ፊልም

film

የሙዚቃ መማጫወቻ

stereo uređaj

ቁልፍ

ključ

ጋዜጣ

novine

ስዕል

slika na platnu

የተለጠፈ ማስታወቂያ እንደ ስዕል

poster

ራዲዮ

radio

ማስታወሻ ደብተር

blok za pisanje

የአየር ማፅጃ ለምንጣፍ

usisavač

ቁልቋል

kaktus

ሻማ

svijeća

ማድቤት

kuhinja

ማቀዝቀዣ
hladnjak
ማይክሮዌቭ ምግብ ማብሰያ
mikrovalna pećnica
የኩሽና መመዘኛ ሚዛን
kuhinjska vaga
ዳቦ መጥበሻ
toaster
ንፁህ ማድረጊያ
sredstvo za čišćenje
ምድጃ
pećnica
ማቀዝቀዣ
pretinac za zamrzavanje
የቆሻሻ ማጠራቀሚያ
korpa za otpad
እቃ ማጠቢያ
perilica za suđe

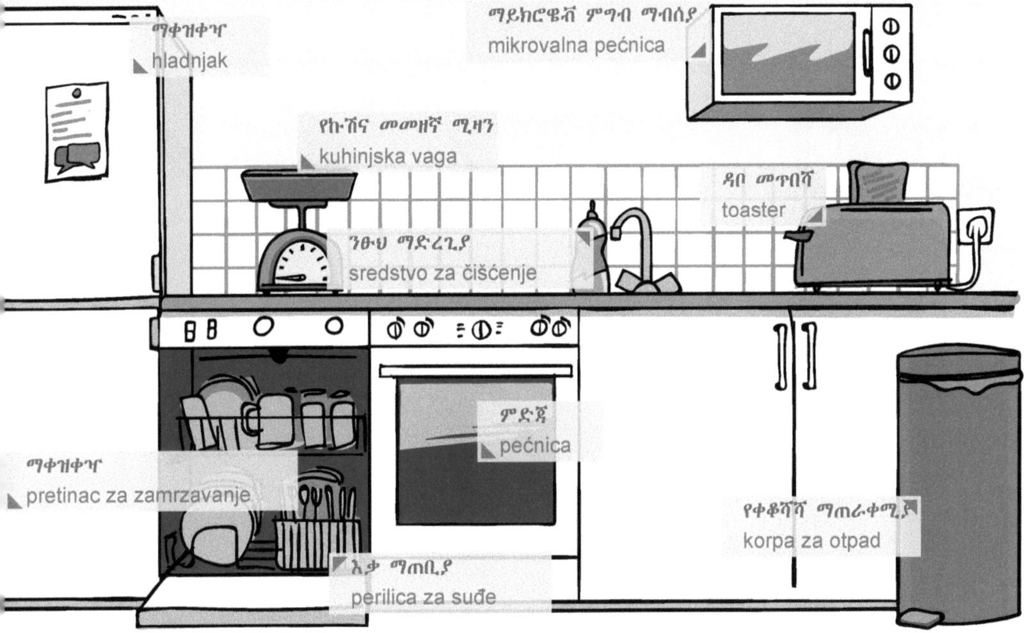

ምግብ አብሳይ

štednjak

ማሰሮ

lonac

የብረት ማሰሮ

željezni lonac

ምግብ ማብሰያ ዝርግ ድስት

wok / kadai

የምግብ መጥበሻ

tava

ማንቆርቆሪያ

kuhalo za vodu

የእንፋሎት ማብሰያ

kuhalo na paru

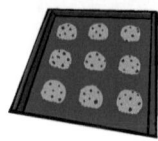

የመጋገሪያ ትሪ

lim za pečenje

ሰብስቦች

posuđe

ትልቅ ኩባያ

čaša

ጎድጓዳ ሳህን

zdjela

ቾፕስቲክስ

štapići za jelo

ጭልፋ

kutljača

መሰቅሰቂያ ዝርግ ማንኪያ

lopatica

ማደባለቂያ

pjenjača

መወጠሪያ

sito za kuhanje

ወንፊት

sito

መፈርፈሪያ መሳሪያ

ribež

ሲሚንቶ

mužar

የፍም ጥብስ

roštilj

የተለቀቀ እሳት

ognjište

መክተፊያ

daska

ተንሸራታች መርፌ

oklagija

የጠርሙስ መክፈቻ

vadičep

ጣሳ

konzerva

የጣሳ መክፈቻ

otvarač konzervi

የማሰሮ መሸፈኛ

krpa za lonac

ሳህን ማጠቢያ

sudoper

ብሩሽ

četka

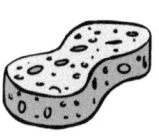

ስፖንጅ

spužva

መደባለቂያ መሳሪያ

mikser

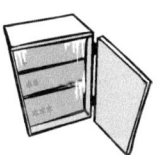

በጣም ማቀዝቀዣ

zamrzivač

ጡጦ

bočica za bebe

ቧንቧ

slavina za vodu

መታጠቢያ ቤት

kupaonica

ማሞቂያ
grijanje
ፎጣ
ručnik
መታጠቢያ
tuš
የመታጠቢያ ቤት መጋረጃ
zavjesa za tuš
የአረፋ መታጠቢያ
pjenušava kupka
የመታጠቢያ ገን
kada
ብርጭቆ
čaša
የልብስ ማጠቢያ
perilica za rublje
ቧንቧ
slavina za vodu
ማዕዘን ወለል
pločice
dječja kahlica
ሳህን ማጠቢያ
sudoper

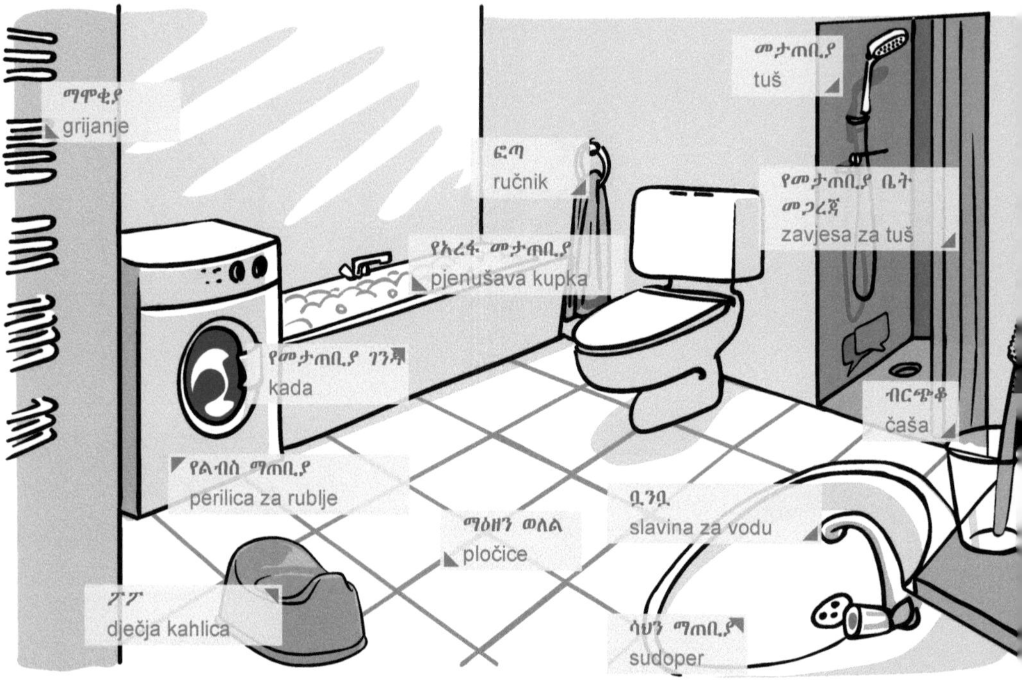

ሽንት ቤት

toalet

የሽንት ቤት መቀመጫ

čučavac

ሳፋ

bidet

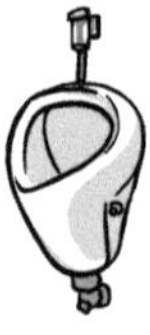

የመንገድ ዳር መሽኛ

pisoar

የሽንት ቤት ወረቀት

papir za toalet

የሽንት ቤት ማፅጃ ብሩሽ

četka za toalet

ጥርስ ብሩሽ

....

četkica za zube

ጥርስ ሳሙና

....

pasta za zube

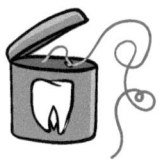

ጥርስ ማፅጃ ክር

....

konac za zube

መታጠብ

....

prati

እጅ መታጠቢያ

....

tuš ručica

መታጠቢያ

....

tuš za pranje intimnih dijelova

ጎድጓዳ ሳህን

....

lavor

ጀርባ ብሩሽ

....

četka za pranje leđa

ሳሙና

....

sapun

መታጠቢያ ሚዝለገለግ ሳሙና

....

gel za tuširanje

ፀጉር መታጠቢያ ሳሙና

....

šampon

ለሰላሳ ፊሬቅ

....

krpa za pranje

ፍሳሽ

....

odvod

ክሬም

....

krema

ጠረን መቀ ሪያ ንጥረ ነገር

....

dezodorans

መስታወት
ogledalo

የእጅ መስታወት
kozmetičko ogledalo

ምላጭ
brijač

የመላጫ አረፋ
pjena za brijanje

ከመላጨት በኋላ የሚቀባ ሽቱ
losion za poslije brijanja

ማበጠሪያ
češalj

ብሩሽ
četka

የፀጉር ማድረቂያ
sušilo za kosu

በፀጉር ላይ የሚነፋ
sprej za kosu

የፊት መቀባቢያ
makeup

የከንፈር ቀለም
ruž za usne

የጥፍር ቀለም
lak za nokte

የጥጥ ሱፍ
vata

ጥፍር መቁረጫ
škare za nokte

ሽቶ
parfem

ማጠቢያ ባልዲ

neseser

መቀመጫ

stolica

ሚዛን

vaga

የመታጠቢያ ልብስ

ogrtač

የላስቲክ ጓንት

rukavice za čišćenje

ሞዴስ

tampon

የፅዳት ፎጣ

uložak

የ ንት ቤት ኬሚካል

kemijski toalet

የልጅ ክፍል

dječija soba

budilnik
የህፃን አሻንጉሊት
plišana igračka
የመጫወቻ መኪና
auto igračka
ማንገጫገጫ መጫወቻ
zvečka
የአሻንጉሊት ቤት
kućica za lutke
ስጦታ
poklon

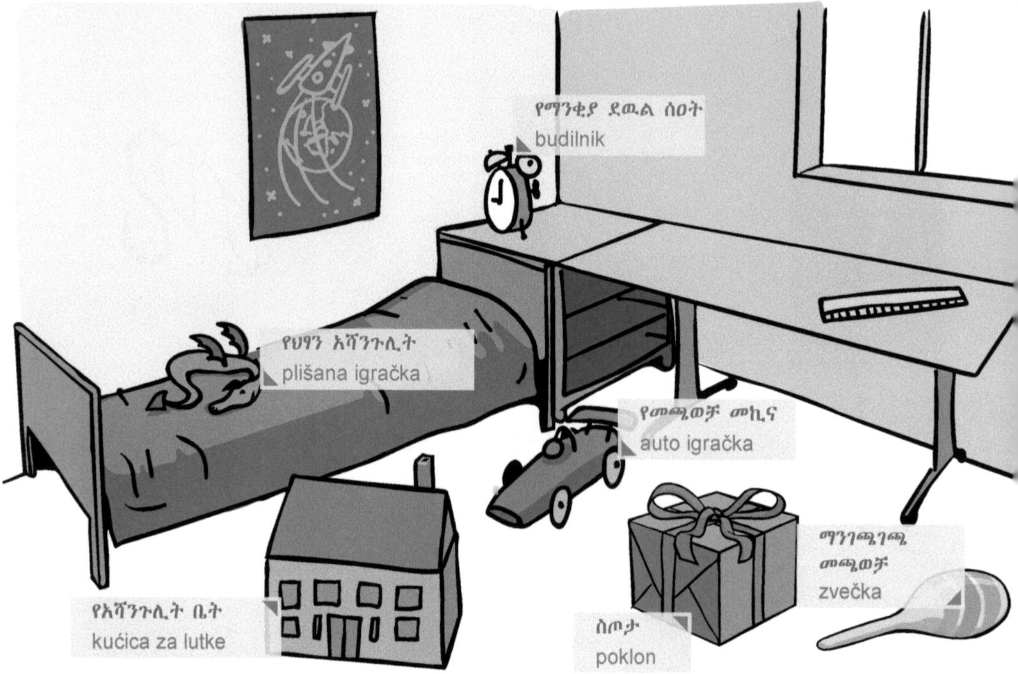

ፊኛ

balon

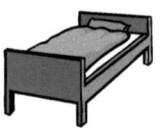

አልጋ

krevet

የህፃን ማንሸራሸሪያ ጋሪ

dječija kolica

የካርታ መጫወቻ

igra s kartama

ቁርጥራጭ ምስሎችን የማገጣጠም እና ምስል የማግኘት ጨዋታ

slagalica

አዝናኝ

strip

ተገጣጣሚ መጫወቻ

lego kockice

የመጫወቻ መገጣጠሚያዎች

kockice za slaganje

የድርጊት ምስል

akcioni junak

የህፃን እድገት

kombinezon za bebe

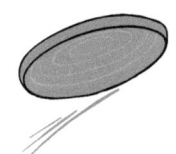

የፕላስቲክ መጫወቻ ዝርግ ሰሀን

frizbi

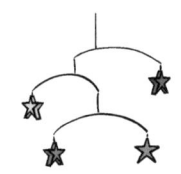

ተወዛዋዥ የህፃን ማጫወቻ

viseće igračke

የሰሌዳ ጨዋታ

društvene igre

የመጫወቻ ጠጠር

kocka

የመጫወቻ ባቡር

minijaturna željeznica

የእንጀራ እናት ጡጦ

duda

ድግስ

tulum

የስዕል መፅሀፍ

slikovnica

ኳስ

lopta

አሻንጉሊት

lutka

መጫወት

igrati

አሸዋ መጫወቻ

pješčanik

ዥዋዥዌ

ljuljačka

መጫወቻዎች

igračka

ቪዲዮ መጫወቻ

konzola za igre

ባለ ሶስት ጎማ ብስክሌት

tricikl

አሻንጉሊት ድብ

plišani medo

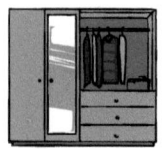

ቁምሳጥን

ormar

አልባሳት

odjeća

ካልሲዎች

kratke čarape

ስቶኪንጎች

čarape

ታይት

hulahopke

የአንገት ልብስ
šal

ዣንጥላ
kišobran

t-shirt

ቀበቶ
kaiš

ቦቲ
čizme

ስኒከሮች
patike

የቤት ውስጥ ነጠላ ጫማ
papuče

ነጠላ ጫማዎች

sandale

ጫማዎች

cipele

የዝናብ ቡትስ

gumene čizme

ሙታንታ

gaćice

ጡት መያዣ

grudnjak

ሰደርያ

potkošulja

ሰዉነት
bodi

ሱሪዎች
hlače

ጅንስ
džins

ጉርድ ቀሚስ
haljina

ሸሚዝ
bluza

ሸሚዝ
košulja

የሚጠለቅ ሹራብ
džemper

ሹራብ
pulover s kapuljačom

ዩኒፎርም ጃኬት
blejzer

ጃኬት
jakna

ኮት
kaput

የዝናብ ኮት
kabanica

ልብስ
kostim

ቀሚስ
haljina

የሙሽራ ቀሚስ
vjenčanica

ፍ

odijelo

የለሊት ልብስ

spavaćica

የለሊት ልብስ

pidžama

ረጅም ቀሚስ

sari

ሂጃብ

rubac

ጥምጣም

turban

ቡርቃ

burka

ሽርጥ

kaftan

አባያ

abaja

የዋና ልብስ

kupaći kostim

አጭር ቁምጣ

kupaće gaćice

ቁምጣዎች

kratke hlače

የስራ ቱታ

odjeća za trening

ሽርጥ

pregača

ጓንት

rukavice

ቁልፍ

gumb

መነፅር

naočale

አምባር

narukvica

የአንገት ሀብል

ogrlica

ቀለበት

prsten

የጆሮ ጌጥ

naušnica

ኮፍያ

kapa

የኮት መስቀያ

vješalica

ኮፍያ

šešir

ክረቫት

kravata

ዚፕ

patent zatvarač

የብረት ቆብ

kaciga

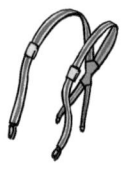

መደገፊያ

naramenice

የትምህርት ቤት የደንብ ልብስ

školska uniforma

የደንብ ልብስ

uniforma

መሃረብ

podbradak

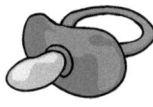

የእንጀራ እናት ጡጦ

duda

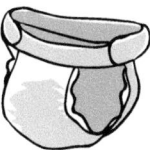

ሽንት ጨርቅ

pelena

ቢሮ

ured

ማሰራጫ ጣቢያ
server
የፋይል መደርደሪያ ካቢኔ
ormar za spise
የህትመት መሳሪያ
pisač
ወረቀት
papir
መቆጣጠሪያ
monitor
miš
መፃፊያ ጠረጴዛ
pisaći stol
ማህደር
mapa
tipkovnica
የቆሻሻ ወረቀት መጣያ ቅርጫት
košara za papir
ኮምፒዉተር
računar
ወንበር
stolica

የቡና መጠጫ ትልቅ ኩባያ

šalica za kavu

ማስልያ ማሽን

kalkulator

ኢንተርኔት

internet

ላፕቶፕ

laptop

ደብዳቤ

pismo

መልዕክት

poruka

ተንቀሳቃሽ ስልክ

mobilni telefon

የግንኙነት አውታር

mreža

ማባዣ ማሽን

uređaj za kopiranje

ሶፍትዌር

softver

ስልክ

telefon

የግድግዳ ሶኬት

utičnica

የፋክስ ማሽን

faks

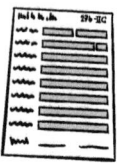

ቅፅ

obrazac

ሰነድ

dokument

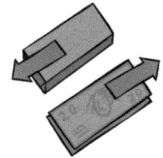

መግዛት

kupovati

መክፈል

platiti

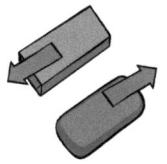

መነገድ

trgovati

ገንዘብ

novac

USD

ዶላር

dolar

EUR

ዩሮ

euro

JPY

የን

jen

RUB

ሩብል

rubalj

CHF

የስዊዝ ፍራንክ

švicarski franak

CNY

ሬንሚንቢ ዩዋን

renmindbi yuan

INR

ሩጲ

rupija

የገንዘብ ነጥብ

automat za novac

የዉጭ ገንዘብ ምንዛሪ ቢሮ

mjenjačnica

ወርቅ

zlato

ብር

srebro

ዘይት

nafta

ሀይል፤ ጉልበት

energija

ዋጋ

cijena

ግንኙነት

ugovor

ቀረጥ

porez

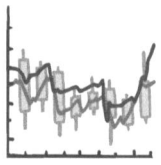

አክስዮን

dionica

መስራት

raditi

ተቀጣሪ

službenik

ቀጣሪ

poslodavac

ፋብሪካ

tvornica

ሱቅ

prodavaonica

የስራ ሙያዎች

zanimanja

የፖሊስ አዛዥ
policajac
የእሳት አደጋ ሰራተኛ
vatrogasac
ምግብ አብሳይ
kuhar
ዶክተር
liječnik
አብራሪ
pilot

አትክልተኛ

vrtlar

አናጢ

stolar

ልብስ ሰፊ ሴት

krojačica

ዳኛ

sudija

ቀማሚ

kemičar

ተዋናይ

glumac

የአዉቶቢስ ሹፌር

vozač autobusa

የታክሲ ሹፌር

vozač taksija

አሳ አጥማጅ

ribar

ፅዳት ሰራተኛ

čistačica

የጣራ ሰራተኛ

krovopokrivač

አስተናጋጅ

konobar

አዳኝ

lovac

ሰዓሊ

slikar

ጋጋሪ

pekar

የኤሌትሪክ ሰራተኛ

električar

ገምቢ

građevinski radnik

መሃሃዲስ

inženjer

ልኳንዳ

mesar

የቧንቧ ሰራተኛ

limar

የፖስታ ሰራተኛ

poštar

54 የስራ ሙያዎች - zanimanja

ወታደር
vojnik

መሃንዲስ
arhitekta

የሒሳብ ሰራተኛ
blagajnik

አበባ ሻጭ
cvjećar

የፀጉር ሰራተኛ
frizer

ቲኬት ቆራጭ
kondukter

መካኒክ
mehaničar

ካፒቴን
kapetan

የጥርስ ሐኪም
zubar

ተመራማሪ
znanstvenik

መምህር
rabi

የሙስሊም ሃይማኖታዊ መሪ
imam

መነኩሴ
monah

ካህን
svećenik

መሳሪያዎች

alati

መዶሻ
čekić
ተቆላፊ ጉጠት
kliješta
መፍቻ
odvijač
የመሳሪ መፍቻ
ključ za vijke
ትሪ
džepna svjetiljk

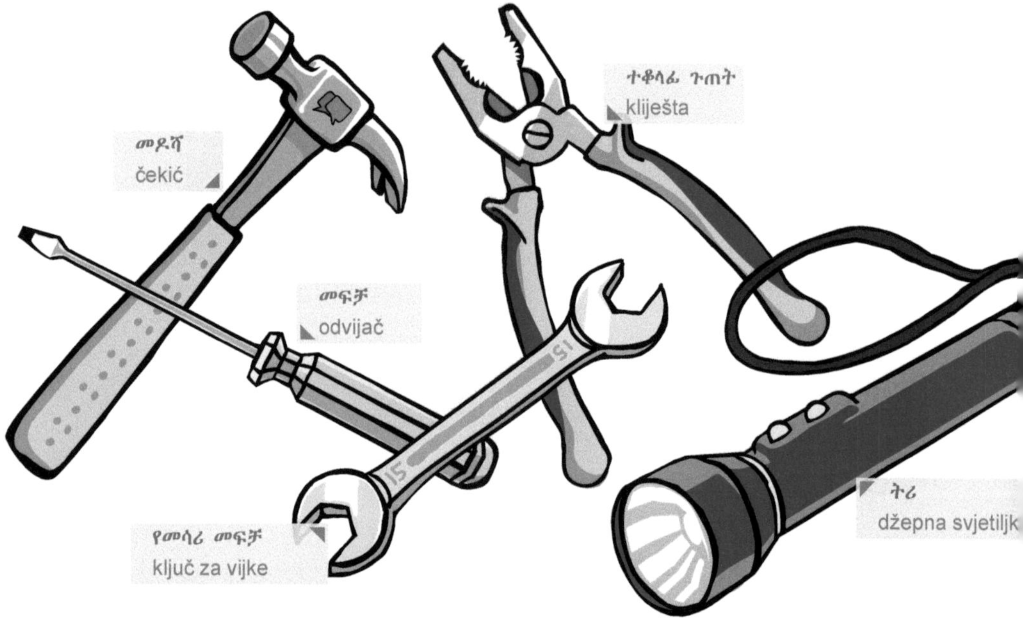

በቁፋሮ የሚዝቅ

rovokopač

የመፍቻ ሳ ን

kutija za alat

መሰላል

ljestve

መጋዝ

pila

ምስማር

ekser

መሰርሰሪያ

bušilica

መጠገን

popraviti

አካፋ

lopata

የተረገመ!

Sranje!

ቆሻሻ ማፈሻ

lopatica

የቀለም ቆርቆሮ

lonac za boju

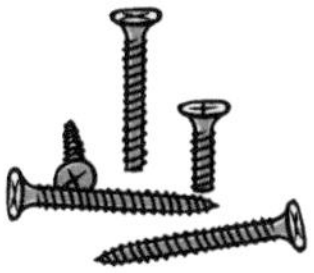

ብሎን

vijci

የሙዚቃ መሳሪያዎች

glazbeni instrument

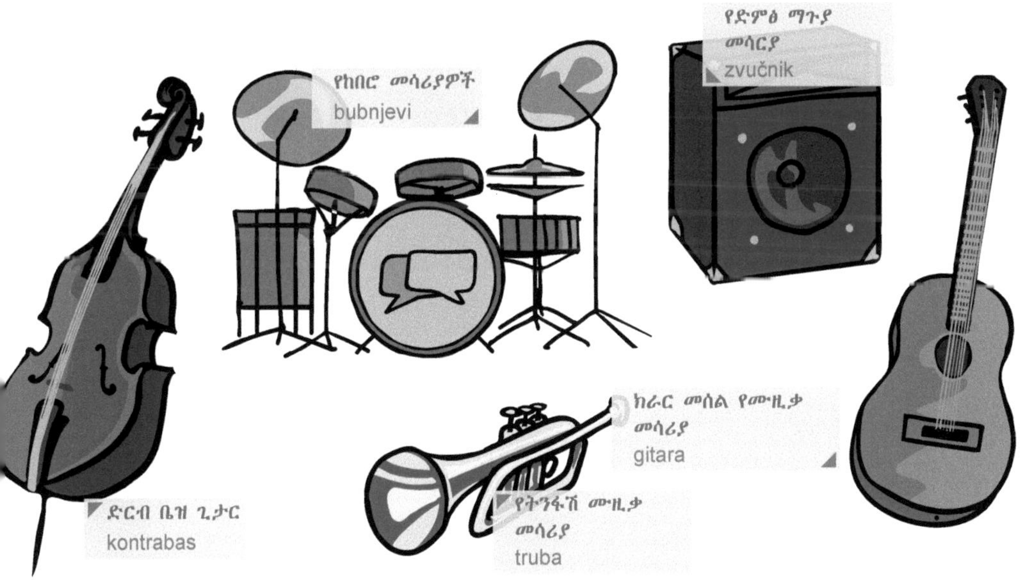

የድምፅ ማጉያ መሳርያ
zvučnik
የከበሮ መሳሪያዎች
bubnjevi
ክራር መሰል የሙዚቃ መሳሪያ
gitara
ድርብ ቤዝ ጊታር
kontrabas
የትንፋሽ ሙዚቃ መሳሪያ
truba

ፒያኖ

....

klavir

ቫዮሊን

....

violina

ወፍራም፤ጎርናና ድምፅ ያለዉ ክራር መሰል ሙዚቃ መሳሪያ

....

bas

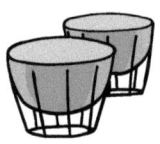

ነጋሪት

....

timpani

ከበሮ

....

udaraljke za bubnjeve

በኤሌክትሪክ የሚሰራ ፒኖ

....

keyboard

የትንፋሽ ሙዚቃ መሳሪያ

....

saksofon

ዋሽንት

....

flauta

የድምፅ ማጉያ

....

mikrofon

የደር እንስሳት ማቆያ

zoološki vrt

መግቢያ
ulaz
ነብር
tigar
ሳጥን
kavez
የሜዳ አህያ
zebra
የእንስሳ ምግብ
hrana za životinje
ትልቅ ድብ
panda

እንስሳቶች

životinje

ዝሆን

slon

ካንጋሮ

kengur

አዉራሪስ

nosorog

ትልቅ ዝንጀሮ

gorila

ድብ

medvjed

ግመል

kamila

ሰጎን

noj

አንበሳ

lav

ጦጣ

majmun

ቅልጥመ ረዥም ወፍ

flamingo

በቀቀን

papagaj

የወዋልታ ድብ

polarni medvjed

የዋልታ ወፎች

pingvin

ረጅም ጥርሶች ያሉትአሳ ነባሪ

ajkula

ጣዎስ

paun

እባብ

zmija

አዞ

krokodil

የዱር አራዊት የሚጠበቁበት ማቆያን የሚጠብቅ

čuvar u zoološkom vrtu

አሳ በሊታ የባህር እንስሳ

tuljan

የዱር ድመት

jaguar

ድንክ ፈረስ
poni

ነብር
leopard

ጉማሬ
nilski konj

ቀጭኔ
žirafa

ንስር
orao

ከርከሮ
divlja svinja

አሳ
riba

የባህር ኤሊ
kornjača

የባህር አውሬ
morž

ቀበሮ
lisica

የሜዳ ፍየል፣ ሚዳቋ
gazela

የስፖርት አይነቶች

šport

የአሜሪካ እግርኳስ
američki nogomet
የብስክሌት ስፖርት
biciklizam
ቴኒስ
tenis
የቅርጫት ኳስ
košarka
ዋና
plivanje
የቡጢ ስፖርት
boks
የበረዶ ላይ የገና ጨዋታ
hockey na ledu

እግር ኳስ

nogomet

የላበ ኳስ ጨዋታ

badminton

አትሌቲክስ

atletika

የእጅ ኳስ ስፖርት

rukomet

የበረዶ መንሸራተት ስፖርት

skijanje

ፈረስ ግልቢያ

polo

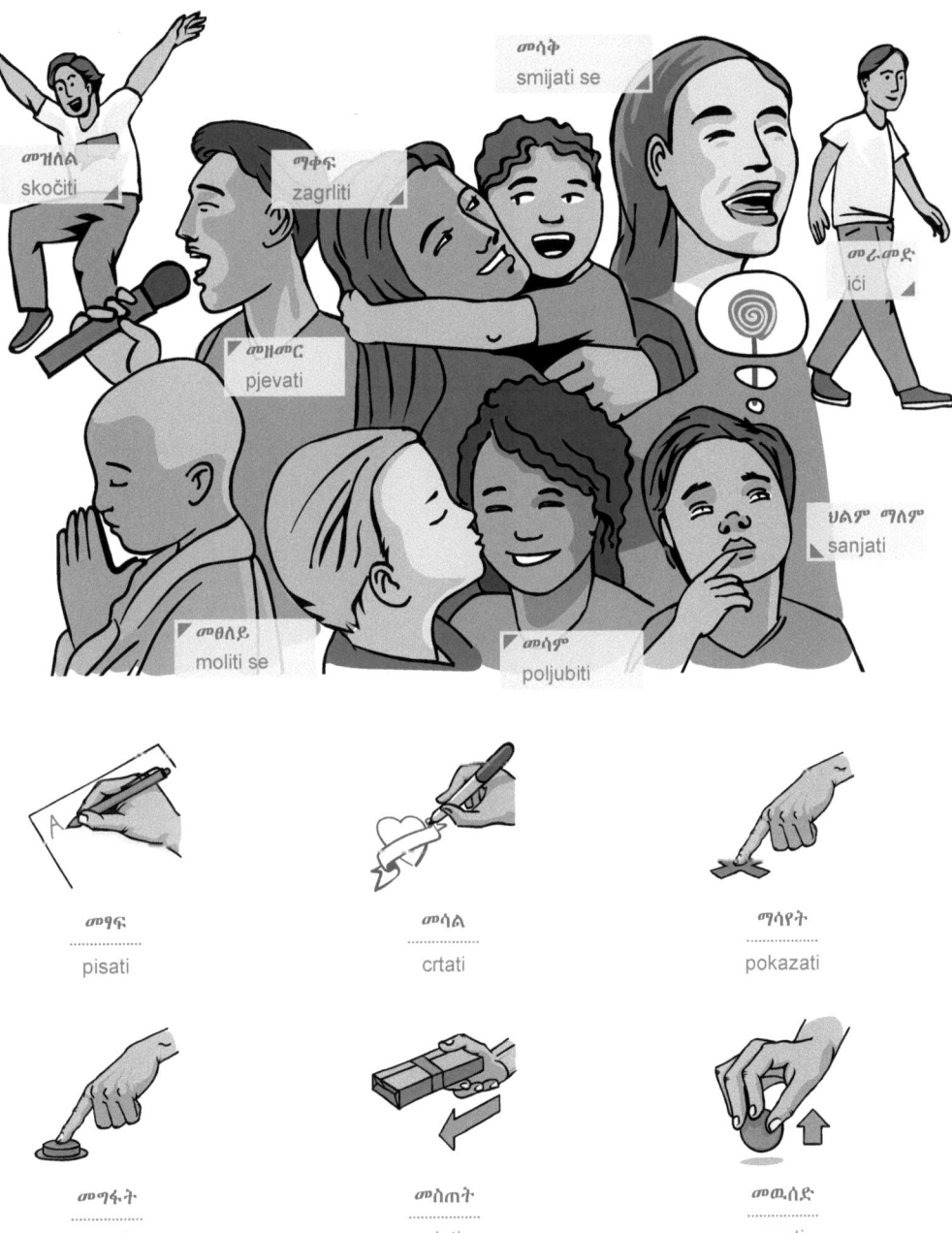

እንቅስቃሴዎች
aktivnosti

መዝለል
skočiti
ማቀፍ
zagrliti
መሳቅ
smijati se
መራመድ
ići
መዘመር
pjevati
ህልም ማለም
sanjati
መፀለይ
moliti se
መሳም
poljubiti

A

መፃፍ
....
pisati

መሳል
....
crtati

ማሳየት
....
pokazati

መግፋት
....
gurati

መስጠት
....
dati

መዉሰድ
....
uzeti

መያዝ

imati

ማድረግ

činiti

መሆን

biti

መቆም

stojati

መሮጥ

trčati

መሳብ

povlačiti

መወርወር

baciti

መዉደቅ

padati

መዋሸት

ležati

መጠበቅ

čekati

መሸከም

nositi

መቀመጥ

sjediti

መልበስ

oblačiti

መተኛት

spavati

መንቃት

probuditi se

መመልከት
....
gledati

ማለልቀስ
....
plakati

መጫር
....
milovati

ማበጠር
....
češljati

ማዉራት
....
govoriti

መረዳት
....
razumjeti

ጥያቄ
....
pitati

ማዳመጥ
....
slušati

መጠጣት
....
piti

መብላት
....
jesti

ማንፃት
....
pospremiti

ማፍቀር
....
voljeti

ምግብ ማብሰል
....
kuhati

መንዳት
....
voziti

መብረር
....
letjeti

መርከብ መንዳት

ploviti

ቁጥሮችን ማስላት

računati

ማንበብ

čitati

መማር

učiti

መስራት

raditi

ማግባት

vjenčati se

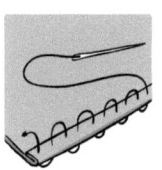

መስፋት

šiti

ጥርስ መቦረሽ

prati zube

መግደል

ubiti

ማጨስ

pušiti

መላክ

poslati

ቤተሰብ
obitelj

የሴት አያት
baka
የወንድ አያት
djed
አባት
otac
እናት
majka
ህፃን
beba
ሴት ልጅ
kćerka
ወንድ ልጅ
sin

እንግዳ

gost

አክስት

tetka

አጎት

ujak, stric

ወንድም

brat

እህት

sestra

ግንባር
čelo
አይን
oko
lice
አገጭ
brada
ጡት
grudi
prst
እጅ
ruka
ክንድ
ruka
ትከሻ
rame
እግር
noga

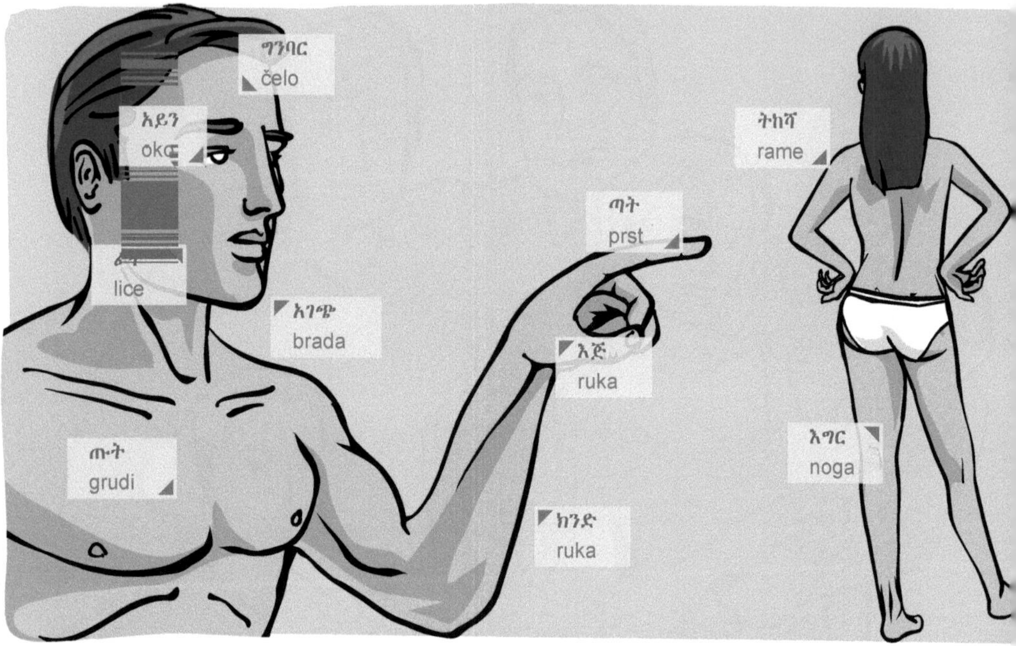

ህፃን

beba

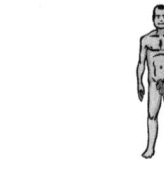

ሰዉ

muškarac

ሴት

žena

ልጃገረድ

djevojčica

ወንድ ልጅ

dječak

ራስ

glava

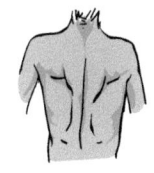

ጀርባ
leđa

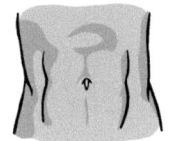

ሆድ
trbuh

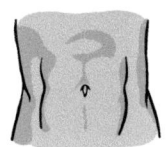

እምብርት
pupak

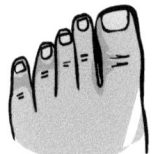

የእግር ጣት
nožni prst

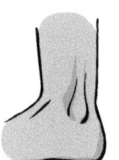

ተረከዝ
peta

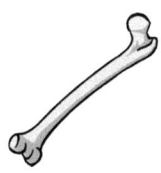

አጥንት
kost

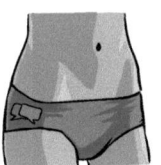

ዳሌ
kuk

ጉልበት
koljeno

ክርን
lakat

አፍንጫ
nos

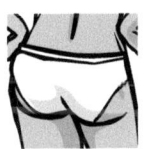

ቂጥ
stražnjica

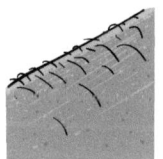

ቆዳ
koža

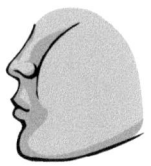

ጉንጭ
obraz

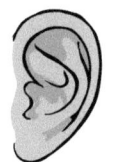

ጆሮ
uho

ከንፈር
usna

አፍ

usta

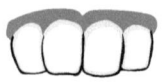

ጥርስ

zub

ምላስ

jezik

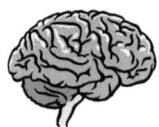

አንጎል

mozak

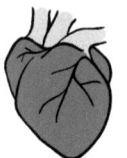

ልብ

srce

ጡንቻ

mišić

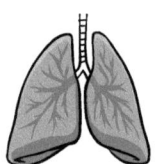

ምባ

pluća

ጉበት

jetra

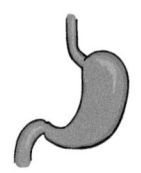

ሆድ

želudac

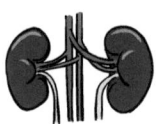

ኩላሊቶች

bubrezi

የግብረስጋ ግንኙነት

snošaj

ኮንዶም

kondom

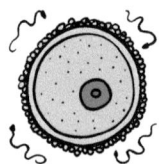

የሴት እንቁላል

jajna stanica

የዘር ፈ ሻ

sperma

እርግዝና

trudnoća

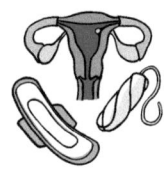

የወር አበባ

menstruacija

እምስ

vagina

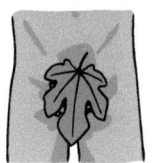

ቁላ

penis

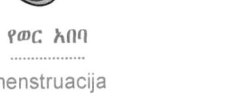

ቅንድብ

obrva

ፀጉር

kosa

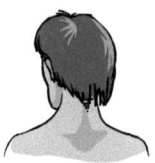

አንገት

vrat

ሆስፒታል
bolnica

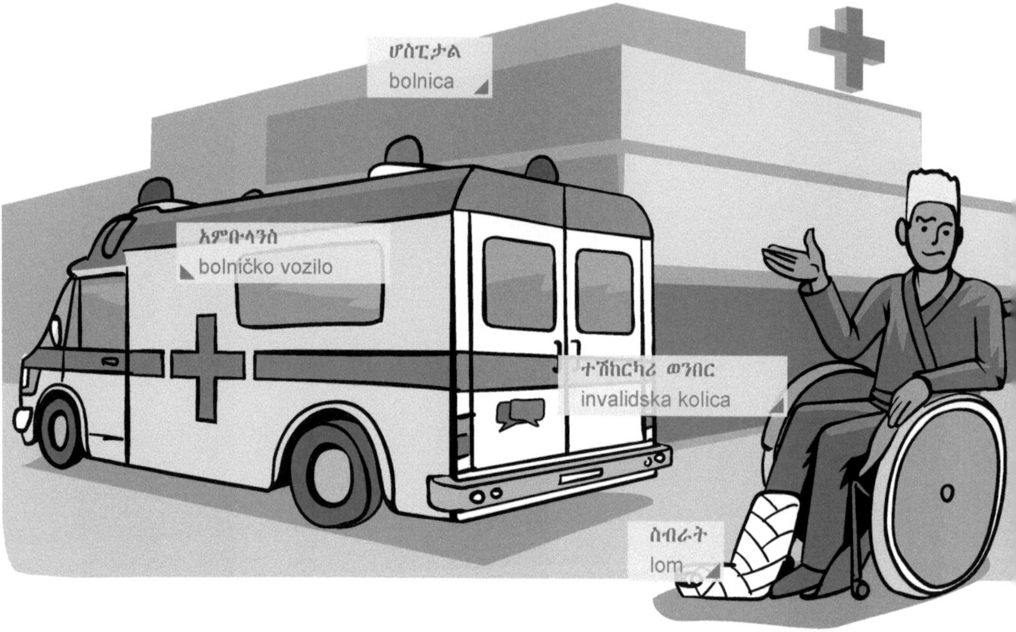

ሆስፒታል
bolnica
አምቡላንስ
bolničko vozilo
ተሽከርካሪ ወንበር
invalidska kolica
ስብራት
lom

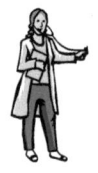

ዶክተር

liječnik

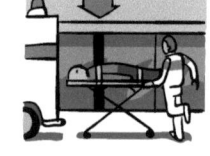

ድንገተኛ ክፍል

hitna medicinska služba

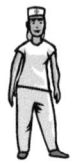

ነርስ

medicinska sestra

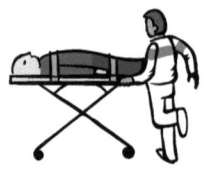

ድንገተኛ

hitni slučaj

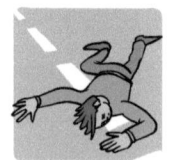

ራስን መሳት/ አለማወቅ

nesvijest

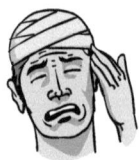

ህመም

bol

ጉዳት

ozljeda

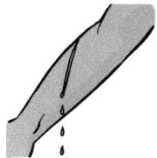

መድማት

krvarenje

የልብ ድካም

srćani infarkt

ስትሮክ

moždani udar

አለርጂ

alergija

ሳል

kašalj

ትኩሳት

groznica

ኢንፍሉዌንዛ

gripa

ተቅማጥ

proljev

የራስ ምታት

glavobolja

ካንሰር

rak

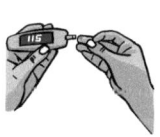

የስኳር በሽታ

dijabetes

ቀዶ ጠጋኝ ሐኪም

kirurg

የቀዶ ጥገና ስለት

skalpel

ቀዶ ጥገና

operacija

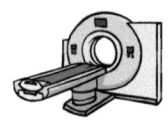

ሲቲ

ct

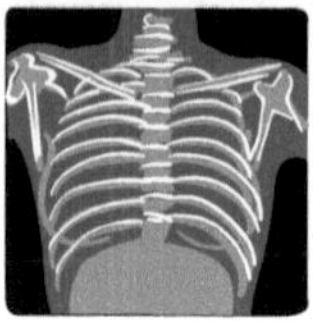

ኤክስሬዮ

rentgen

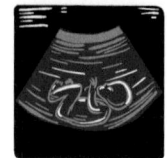

አልትራሳዉንድ

ultrazvuk

የፊት ጭምብል

maska

በሽታ

bolest

መጠበቂያ ክፍል

čekaonica

ምርኩዝ

štaka

የቁስል ማሸጊያ

flaster

ፋሻ

zavoj

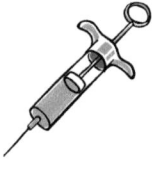

መርፌ

injekcija

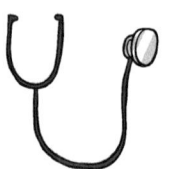

የልብ ምት ማዳመጫ መሳሪያ

stetoskop

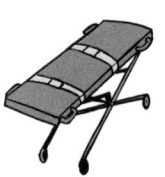

የበሽተኛ አልጋ

nosilo

የህክምና ሙቀት መለኪያ መሳሪያ

termometar

መውለድ

rođenje

ክልክ ያለፈ ክብደት

prekomjerna težina

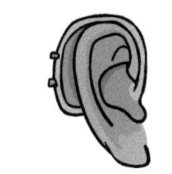

ለመስማት የሚረዳ መሳሪያ
....
slušni aparat

ፀረ ተባይ መድሀኒት
....
sredstvo za dezinfekciju

ማመርቀዝ
....
infekcija

ቫይረስ
....
virus

ኤች አይቪ ኤድስ
....
hiv / sida

ህክምና
....
medicina

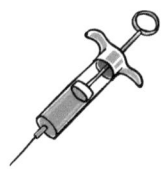

ክትባት
....
vakcinacija

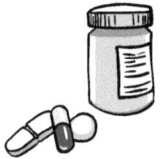

ኪኒን
....
tablete

ኪኒን
....
pilula

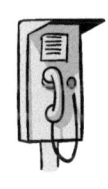

አስቸኳይ የስልክ ጥሪ
....
poziv u pomoć

ደም ግፊት መቆጣጠሪያ
....
uređaj za mjerenje tlaka

ህመም/ ጤንነት
....
bolesno / zdravo

ድንገተኛ
hitni slučaj

እርዳታ!

pomoć!

ማንቂያ ደዉል

alarm

ጥቃት

nasrtaj

ድብደባ

napad

አደጋ

opasnost

የድንገተኛ መዉጫ

izlaz za nuždu

እሳት!

požar!

እሳት ማጥፊያ

vatrogasni aparat

አደጋ

nezgoda

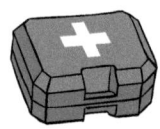

የመጀመሪያ እርዳታ መድሃኒት መያዣ

kofer prve pomoći

ነፍስ አድን

sos

ፖሊስ

policija

አዉሮፓ

Europa

ሰሜን አሜሪካ

sjeverna amerika

ደቡብ አሜሪካ

južna amerika

አፍሪካ

Afrika

እስያ

Azija

አዉስትራሊያ

Australija

አትላንቲክ

Atlantik

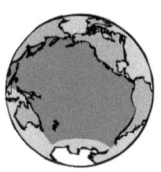

ፓስፊክ

Pacifik

የህንድ ዉቅያኖስ

ocean

አንታርክቲክ ዉቅያኖስ

antarktički ocean

አርክቲክ ዉቅያኖስ

arktički ocean

ሰሜን ዋልታ

sjeverni pol

ደቡብ ዋልታ

južni pol

አንታርክቲካ

Antarktik

ምድር

zemlja

መሬት

zemlja

ባህር

more

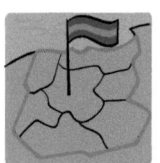

ደሴት

otok

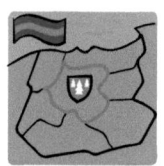

አገርና ህዝብ

nacija

መንግስት

država

ሰዓት
sat

የሰዓት ገፅታ

brojčanik sata

ሰዓት

satna kazaljka

ደቂቃ

minutna kazaljka

ሴኮንድ

sekundna kazaljka

ስንት ሰዓት ነው?

Koliko je sati?

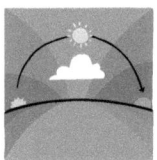

ቀን

dan

ጊዜ

vrijeme

አሁን

sada

የቁጥር ሰዐት

digitalni sat

ደቂቃ

minuta

ሰዓታት

sat

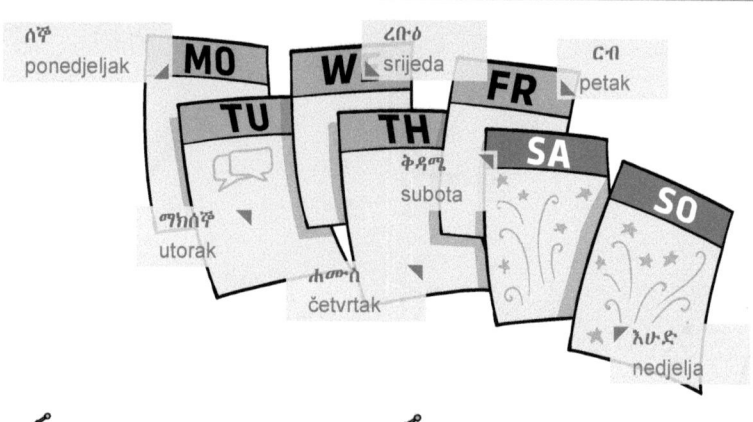

ሳምንት

tjedan

ሰኞ
ponedjeljak

ማክሰኞ
utorak

ረቡዕ
srijeda

ሐሙስ
četvrtak

ርብ
petak

ቅዳሜ
subota

እሁድ
nedjelja

ትላንት
jučer

ዛሬ
danas

ነገ
sutra

ማለዳ
jutro

ቀትር
podne

ምሽት
večer

የስራ ቀናት
radni dani

የዕረፍት ቀናት
vikend

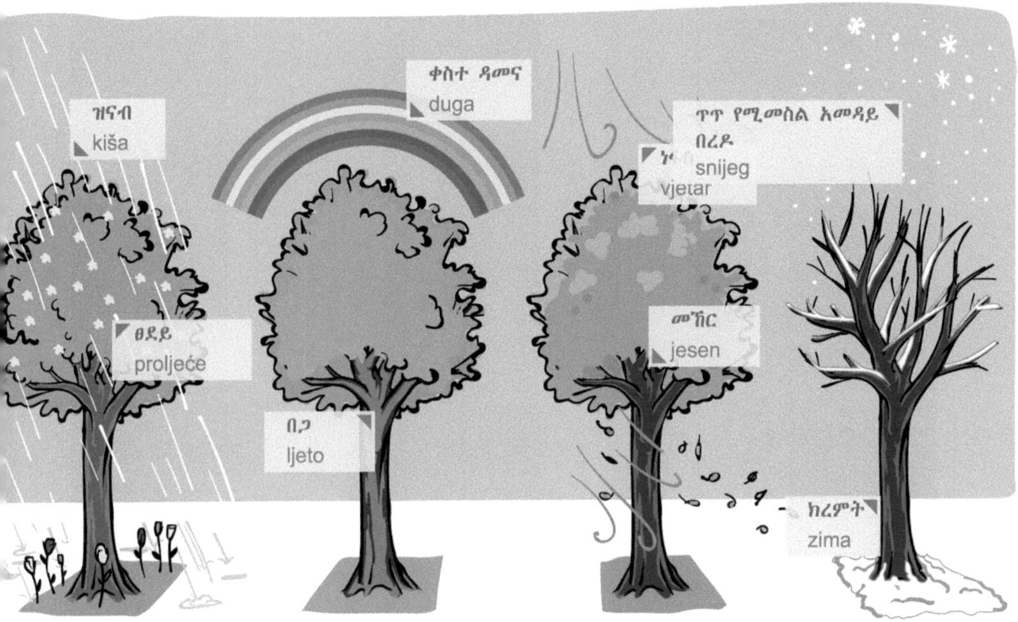

ዝናብ
kiša

ቀስተ ዳመና
duga

ጥጥ የሚመስል አመዳይ
በረዶ
snijeg

ነፋስ
vjetar

ፀደይ
proljeće

በጋ
ljeto

መኸC
jesen

ክረምት
zima

4. APRIL	11°	☀
5. APRIL	4°	⛅
6 APRIL	13°	🌧
7. APRIL	8°	☀
8. APRIL	10°	☀

የአየር ሁኔታ ትንበያ

meteorološka prognoza

የሙቀት መለኪያ

termometar

የፀሀይ ሙቀት

sunčana svjetlost

ደመና

oblak

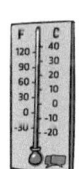

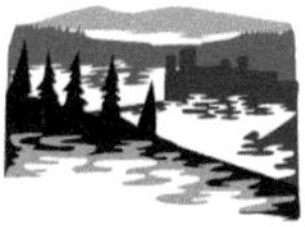

ጭጋግ

magla

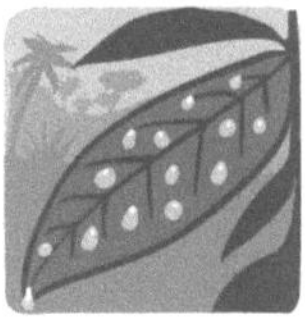

እርጥበታማነት

vlažnost zraka

መብረቕ

munja

ነጎድጓድ

grmljavina

አዉሎ ንፋስ

oluja

የበረዶ ዝናብ

tuča

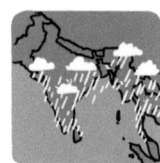

አዉሎ ንፋስ

monsun

ጎርፍ

poplava

በረዶ

led

ጥር

siječanj

የካቲት

veljača

መጋቢት

ožujak

ሚያዚያ

travanj

ግንቦት

svibanj

ሰኔ

lipanj

ሐምሌ

srpanj

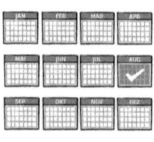

ነሀሴ

kolovoz

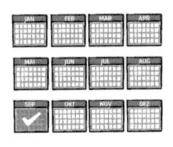

መስከረም

rujan

ጥቅምት

listopad

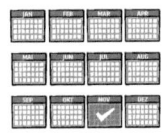

ህዳር

studeni

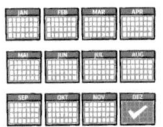

ታህሳስ

prosinac

ቅርፆች

oblici

ክብ

krug

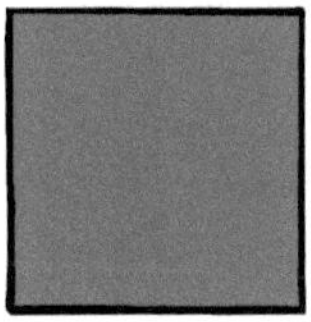

ራት ማዕዘን

kvadrat

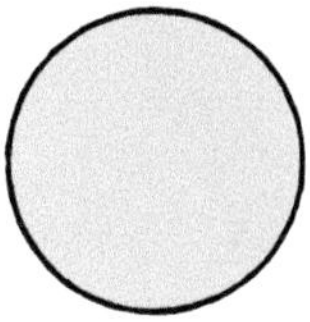

ራት ጥተኛ ማዕዘኖች ጎኖች ያሉት ቅርፅ

pravokutnik

ሶስት ማዕዘን

trokut

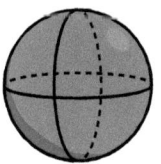

ሉል

kugla

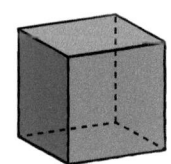

ስድስት ጎን ያለዉ ቅርፅ

kocka

ቀለማት

boje

ነጭ

bijela

ቢጫ

žuta

ብርቱካናማ

narančasta

ሮዝ

ružičasta

ቀይ

crvena

ወይን ጠጅ

ljubičasta

ሰማያዊ

plava

አረንጓዴ

zelena

ቡኒ

smeđa

ግራጫ

siva

ጥቁር

crna

ተቃራኒዎች

suprotnosti

ብዙ/ ጥቂት

....

mnogo / malo

ንዴት/ እርጋታ

....

ljutito / mirno

ቆንጆ/ አስቀያሚ

....

lijepo / ružno

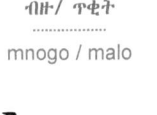

ጅማሬ/ ፍፃሜ

....

početak / kraj

ትልቅ/ ትንሽ

....

veliko / maleno

ደማቅ/ ደብዛዛ

....

svijetlo / tamno

ንድም/ እህት

....

brat / sestra

ንፁህ/ ቆሻሻ

....

čisto / prljavo

የተሟላ/ ያልተሟላ

....

potpuno / nepotpuno

ቀን/ ምሽት

....

dan / noć

የሞተ/ ህያዉ

....

mrtvo / živo

ሰፊ/ ጠባብ

....

široko / usko

የሚበላ/ የማይበላ

jestivo / nejestivo

ክፉ/ ደግ

zlo / dobro

ደስተኛ/ ድብርተኛ

uzbuđeno / dosadno

ወፍራም/ ቀጭን

debelo / mršavo

መጀመርያ/ መጨረሻ

na početku / na kraju

ጓደኛ/ ጠላት

prijatelj / neprijatelj

ሙሉ/ ጎዶሎ

puno / prazno

ጠንካራ/ ለስላሳ

tvrdo / mekano

ከባድ/ ቀላል

teško / lagano

ረሃብ/ ጥማት

glad / žeđ

መም/ ጤንነት

bolesno / zdravo

ገወጥ/ ጋዊ

ilegalno / legalno

ጎበዝ/ ደደብ

pametno / glupo

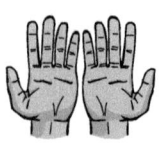

ግራ/ ቀኝ

lijevo / desno

ቅርብ/ ሩቅ

blizu / daleko

አዲስ/ አሮጌ

....

novo / rabljeno

ምንም/ የሆነ ነገር

....

ništa / nešto

ሽማግሌ/ ወጣት

....

staro / mlado

የበራ/ የጠፋ

....

uključeno / isključeno

ክፍት/ ዝግ

....

otvoreno / zatvoreno

ፀጥታ/ ጫጫታ

....

tiho / glasno

ሃብታም/ ደሃ

....

bogato / siromašno

ትክክለኛ/ የተሳሳተ

....

točno / pogrešno

ሻካራ/ ለስላሳ

....

hrapavo / glatko

ሐዘን/ ደስታ

....

tužno / sretno

አጭር/ ረዥም

....

kratko / dugo

ዝግተኛ/ ፈጣን

....

polako / brzo

እርጥብ/ ደረቅ

....

mokro / suho

ሞቃት/ ቀዝቃዛ

....

toplo / hladno

ጦርነት/ ሰላም

....

rat / mir

ቁጥሮች
brojevi

0

ዜሮ

nula

1

አንድ

jedan

2

ሁለት

dva

3

ሶስት

tri

4

አራት

četiri

5

አምስት

pet

6

ስድስት

šest

7

ሰባት

sedam

8

ስምንት

osam

9

ዘጠኝ

devet

10

አስር

deset

11

አስራ አንድ

jedanaest

12

አስራ ሁለት

dvanaest

13

አስራ ሶስት

trinaest

14

አስራ አራት

četrnaest

15

አስራ አምስት

petnaest

16

አስራ ስድስት

šestnaest

17

አስራ ሰባት

sedamnaest

18

አስራ ሰስምንት

osamnaest

19

አስራ ዘጠኝ

devetnaest

20

ሃያ

dvadeset

100

መቶ

stotinu

1.000

ሽህ

tisuću

1.000.000

ሚሊዮን

milijun

ቋንቋዎች

jezici

እንግሊዝኛ

engleski

የአሜሪካ እንግሊዝኛ

američko engleski

የቻይና ማንዳሪን

kinesko mandarinski

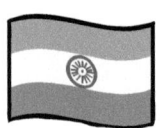

ሂንዱ

hindi

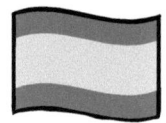

ስፓኒሽ

španjolski

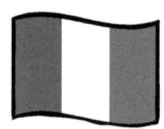

ፍሬንች

francuski

አረብኛ

arapski

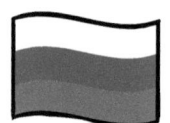

ራሺያኛ

ruski

ፖርቱጊዝ

portugalski

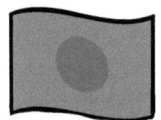

ቤንጋሊ

bengalski

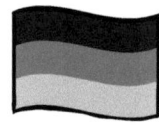

ጀርመን

njemački

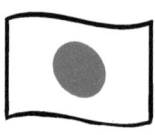

ጃፓንኛ

japanski

ማን/ ምን/ እንዴት
tko / što / kako

እኔ

ja

አንተ

ti

እሱ/ እርሷ/ እቃዉ

on / ona / ono

እኛ

mi

አንተ

vi

እነርሱ

oni

ማን?

tko?

ምን?

što?

እንዴት?

kako?

የት?

gdje?

መቼ?

kada?

ስም

ime

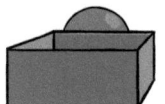

የት

gdje

በስተጀርባ

iza

ዉስጥ

u

ከፊት ለፊት

ispred

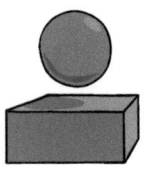

ከላይ

preko

ላይ

na

ከስር

ispod

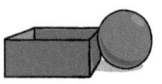

አጠገብ

pored

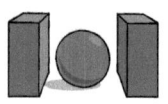

መሃከል

između

ቦታ

mjesto